DIALOGUE

SUR LE

CHARLES VI,

DE

M. NÉPOMUCÈNE LEMERCIER,

ET CELUI DE

M. DE LA VILLE DE MIRMONT;

PAR CH.—P.

> Empêcher de jouer l'une, et permettre
> de donner l'autre faite après ou d'après,
> c'est une iniquité.
>
> PAROLES DE LOUIS XVIII.

Paris,

PONTHIEU, LIBRAIRE, PALAIS-ROYAL,

A. LEROUX, LIBRAIRE, RUE NEUVE-S.-AUGUSTIN, N° 4

VICTOR CABUCHET, IMPRIMEUR, RUE DU BOULOI, N° 4.

20 MARS 1826.

DIALOGUE

SUR LES DEUX

CHARLES VI.

———

M.

Hé bien, mon ami, le nouveau Charles VI vient d'être imprimé, vous vous êtes refusé, malgré mes instances, à l'aller voir lors des premières représentations ; sans doute vous ne vous refuserez pas à le lire.

P.

Permettez-moi : si je me suis refusé à en voir la représentation, c'est que l'injustice, pour telle cause que ce soit, m'irrite à un tel point, que j'aurais craint de ne pouvoir écouter tranquillement, et de passer pour un cabaleur, si je m'étais écrié un peu trop hautement à tous les vers ménechmes que je sais par cœur, ou enfin, si j'avais sifflé comme elles devaient l'être, les situations qui rappellent trop évidemment, et en les affaiblissant, celles d'un ouvrage injustement éloigné de la scène, et qui a déjà été imprimé deux fois ; d'ailleurs, ce qui vient de se passer à l'Odéon, à la représentation de Cléopâtre, me prouve que j'ai bien fait de rester chez moi.

M.

Il ne faut cependant pas que votre admiration pour M. Lemercier, vous rende injuste envers les autres auteurs ; étant surtout amateur, comme vous l'êtes, de la littérature dramatique, vous devriez être content que le nombre de nos bons auteurs augmentât.

(4)

P.

Oui, si tous les auteurs faisaient paraître ce qui leur appartient et non ce qu'ils prennent à leurs confrères; car moi, je trouverais juste qu'une loi infligeât une punition quelconque, à celui qui se rend, le fait surtout étant constaté, coupable d'un plagiat littéraire de cette espèce.

M.

Qui vous dit que le nouvel auteur ait pris son ouvrage à l'ancien? Si M. Lemercier est un homme estimable, M. de La Ville ne l'est pas moins, je crois.

P.

Il n'est pas besoin, mon cher ami, de nous étendre sur la vie privée de deux hommes de mérite, encore moins de discuter lequel en cela est supérieur à l'autre; ce que je puis dire seulement en faveur de l'auteur que je cherche à défendre, c'est qu'il a fait imprimer, dans *l'Opinion*, un article auquel M. de La Ville, pour son honneur, doit répondre; ce n'est plus ici un *folliculaire* qui cherche à dénigrer son ouvrage, mais bien l'auteur même d'une pièce semblable à la sienne, qui dit avoir été spolié d'une manière infâme (1).

M.

Comment pourriez-vous penser qu'un homme dont la loyauté, la délicatesse sont connues depuis long-temps, ait......

P.

Mais, mon cher, ce n'est pas moi qui attaque M. de La Ville, c'est M. Lemercier. Qu'il réponde, car son silence obstiné force l'homme impartial à regarder les faits avancés contre lui comme vrais; ainsi donc, brisons là..... Vous avez, dites-vous, acheté sa pièce, vous êtes alors, ou du moins je le pense, aussi avancé que moi? car je l'ai achetée et lue.

---

(1) Voir le journal de *l'Opinion*, du 16 mars 1826.

(5)

M.

Je vous avouerai franchement que mes occupations m'ont empêché d'employer à cette lecture tout le temps convenable.

P.

Hé bien, comme j'ai cette pièce ainsi que celle de M. Lemercier, à laquelle j'aurai besoin de recourir quelquefois, nous sommes en état de raisonner un peu sérieusement et sur le mérite des deux ouvrages et sur les larcins faits par l'auteur du second Charles VI. Le voulez-vous?

M.

Avec plaisir; je connais d'ailleurs votre impartialité en littérature; et comme c'est une partie dont vous vous occupez plus que moi, sans doute, je ne pourrai que gagner dans cette espèce de discussion.

P.

Il est inutile, je crois, de nous étendre sur les fautes historiques que l'on remarque dans la tragédie de M. de La Ville; ces fautes ont été reconnues par les critiques, amis même de l'auteur. Chacun sait donc que Henri V, roi d'Angleterre, au lieu de mourir après Charles VI, roi de France, mourut au contraire deux mois avant ce roi; que Clisson était mort environ quatorze ans avant les deux monarques, et que jamais ce même Clisson ne s'est reconcilié avec son assassin Craon, d'infâme mémoire. Mais moi, loin de regarder ces erreurs historiques comme indifférentes, je prétends, au contraire, qu'elles sont plus importantes qu'on ne le pense dans le premier moment. Qui ne sentira, par exemple, en réfléchissant un peu, que si Charles VI était mort avant Henri V, la face des affaires pouvait changer totalement?

M.

Il est vrai, que moi-même le premier, je n'avais pas réfléchi sur ce que vous dites justement ici; je n'avais d'abord regardé ces fautes que comme des licences que se

(6)

sont permises quelques grands hommes et surtout Voltaire,
licences qui amènent souvent de grandes beautés.

P.

Oui, et dans ce cas (j'en excepte cependant toujours ce
qui concerne la mort de Henri V) je suis de votre avis,
on les excuse ; mais je demanderai à tout homme impartial, si l'auteur ressemble en cela à nos grands maîtres, et si
malgré ces licences il n'a point au contraire manqué
et son plan et ses caractères ? Dans la seconde scène de
l'acte Ier, Craon, par exemple, à qui la reine fait part
de ses projets, parle à cette même reine, de ses remords,
et dit que son intention est de tâcher, par ses vertus présen-
tes, d'effacer ses crimes de la mémoire des hommes, l'irrite même contre lui, et se trouve enfin, bien qu'ayant
marqué son estime pour le Dauphin, chargé par Isabelle
de l'arrestation de ce même Dauphin. Vous conviendrez
que cette Isabelle, qu'on dit si politique, est bien sotte en
ce moment ; aussi, et l'on doit s'y attendre, voit-on, dans
la scène 7 de l'acte II, Craon, au lieu de faire arrêter le
Dauphin, qui s'est introduit furtivement dans le palais de
son père, l'engager à se sauver et tâcher de lui en procurer
les moyens.

M.

Cela est vrai, je l'avoue, mais ne m'avait point frappé
à la représentation.

P.

Poursuivons : l'auteur, qui dans toute la pièce montre
la faiblesse de ses moyens, n'a point eu d'autres ressources
pour remplir les trois premiers actes, que de multiplier,
à la mode des auteurs de mélodrames, les reconnaissances ;
elles sont au nombre de cinq. La première, acte Ier,
scène 6 ; la seconde, acte II, scène 5 ; la troisième, acte II,
scène 8 ; la quatrième, acte III, scène 6 ; la cinquième
enfin, celle où le Dauphin paraît la première fois devant
son père ; cette dernière, au moins, rentre dans le fond
du sujet, nous en parlerons plus tard.

Chacune de ces reconnaissances est suivie dé discours plus ou moins longs, vrai moyen de se passer d'action quand on n'a pas le talent d'en créer une.

M.

Mais vous blâmez M. de La Ville au sujet de ses reconnaissances, n'en voyons-nous pas cependant de semblables dans Voltaire ?

P.

Oui, mon ami; aussi a-t-on fortement reproché à Voltaire, dont le talent dramatique est cependant incontestable, ces petits moyens qu'on laisse, je vous le répète, aux auteurs de mélodrames; d'ailleurs cet auteur si pathétique savait ménager ces sortes de scènes, et les faisait excuser par la beauté et la vivacité de son dialogue : tandis que chez M. de La Ville, au contraire, les dialogues amenés par ces reconnaissances sont de la plus extrême faiblesse. Lisons à l'appui de ce que j'avance, le moins mauvais de tous, celui où Clisson déguisé demande à entrer au palais et à parler à Craon; j'ai besoin d'ailleurs de m'arrêter un peu à cet endroit, pour faire quelques observations.

CLISSON.

Dieu! qu'elle solitude.

CRAON.

Venez, approchez-vous.

CLISSON.

O Charles !

CRAON.

Je le vois,

Vous avez à l'état rendu de longs services ,
Votre front est paré de nobles cicatrices.....
O ciel ! se pourrait-il !.... N'est-ce point une erreur?,..
Ces traits que le remords a gravés dans mon cœur....
C'est lui!.... Malgré le temps et mon désordre extrême,
Je n'en saurais douter..... Oui, c'est Clisson !....

CLISSON.

Lui-même.

CRAON.

Clisson! ah! son aspect reveille dans mon sein.....

CLISSON.

Calmez.....

CRAON.

Je suis Craon, je suis votre assassin !

CLISSON.

Je ne m'en souviens plus (1).

CRAON.

Vous fûtes ma victime.

CLISSON.

Je vous rencontre ici, je vous rends mon estime.

CRAON.

Seigneur !....

CLISSON.

Que faites-vous ?

CRAON.

Souffrez....

CLISSON.

Vous à mes pieds !

Certes ce dialogue, quoique l'un des meilleurs de la pièce, paraîtra bien froid à tous les lecteurs. Mais autre chose ; expliquez-moi pourquoi Clisson dit aussi subitement à Craon, Je vous rends mon estime ? il ajoute bien à la vérité, dans les quatre vers qui suivent, qu'il la lui rend parce qu'il essuie les pleurs du Roi, mais qui lui a dit que Craon, de la loyauté duquel il a lieu de douter, était l'ami du Roi ? ne pouvait-il pas au contraire n'être que la créature d'Isabelle et de Henri V ?

M.

Passons au discours suivant, sans doute il nous l'expliquera.

P.

Eh ! c'est positivement parce que rien dans ce discours

---

(1) Cet hémistiche m'en rappelle un qui lui a servi de type, et qui se trouve dans une situation à peu près semblable, mais je ne saurais assurer dans quelle pièce il se trouve. Cet hémistiche est :

Je l'avais oublié.

Et, autant que je puis me le rappeler, il me paraissait faire plus d'effet que celui de M. de La Ville.

n'autorise Clisson à parler ainsi, que je le critique. Est-il dans la nature aussi que ce même Clisson se récrie d'admiration en voyant Craon à ses pieds ; il suffisait, je crois, qu'il dît à son assassin : Relevez-vous, Craon, votre conduite avec le Roi vous rend toute mon estime et toute mon amitié. Ce dialogue dans lequel l'auteur a visé au genre admiratif, ne produit et ne peut produire aucun effet.

M.

Je reconnais comme vous ces fautes, elles sont évidentes ; je sais bien aussi que les deux rôles de Clisson et de Craon laissent beaucoup à désirer ; que celui de Henri V n'est pas très-historiquement tracé, mais ceux du Dauphin et du roi Charles VI.....

P.

Nous reviendrons plus tard sur ces deux rôles ; j'ai encore quelques aveux à obtenir de vous. Pensez-vous que M. de La Ville ait créé le fonds de la scène où le Roi prend Isabelle pour Valentine ? scène enfin la plus belle de son ouvrage, et M. Lemercier ne peut-il pas la revendiquer ?

M.

Ce que vous dites est assez juste, le hasard cependant aurait pu fournir la même idée à M. de La Ville, et d'ailleurs la fin de cette scène n'est nullement semblable à celle de M. Lemercier, que j'ai lue il y a déjà long-temps, et que je me rappelle encore, car elle m'a fait aussi beaucoup d'effet, et pourtant cette fin de scène est fort belle.

P.

Votre observation est juste ; la fin de cette scène est extrêmement attendrissante : qui sait cependant, car vous me permettrez de le dire, il serait triste que vous vous retranchassiez sur le hasard dans notre discussion ; qui sait, dis-je, si M. de La Ville l'aurait trouvée sans M. Lemercier. Mais puisque nous sommes en train de parler des larcins faits à cet auteur, larcins attestés par toutes les personnes impartiales, parlons un peu de la scène du nouveau Charles VI dans laquelle on arrache au malheureux Roi la signature nécessaire pour l'arrestation de son fils et la spoliation du royaume, scène capitale, et dont M. Lemercier peut à bon droit se dire le créateur, puisque vous savez que c'est la suite de la fameuse scène dans laquelle le roi Charles VI prend Isabelle pour Valentine. Le nouvel-auteur n'a-t-il pas délayé maladroitement ce qu'il a pris? Est-il naturel par exemple, qu'après avoir fait signer le Roi, et se trouvant en possession de l'acte tant désiré, Isabelle le rende presque aussitôt, et cela, en présence de Henri V qui se tait; qu'ensuite Charles VI, au lieu de déchirer cet acte infâme, le mette dans sa poche? qui ne voit que ces inadvertances ont été faites pour prolonger le cinquième acte. Remarquez combien M. Lemercier a mieux connu les finesses de l'art, quand il nous a peint ce même roi reprenant tout à coup sa raison, au moment où l'on va lui faire signer cet acte, et s'écrier....

> Mon héritier banni! mon sceptre à l'Angleterre!....
> C'est là, c'est là l'édit que mon seing doit couvrir!
> L'arrêt de notre fils, tu me l'oses offrir,
> Mère infâme! et ma main à la tienne livrée! etc.

Voilà de ces choses qui prouvent le génie d'un écrivain.

De plus, comme l'auteur ne se contente pas de prendre les situations de ses confrères, mais encore les vers des auteurs morts ou vivans, trouvez bon que je vous dise que ces deux vers, prononcés par Charles VI, et qui sont imprimés au bas d'une belle lithographie,

> Au sceptre de Clovis, dont vous êtes jaloux,
> Le dernier des Français a plus de droits que vous,

sont de de Belloy; Melun, dans le Siége de Calais, dit au roi Edouard :

> Tout le sang de Capet coulât-il par vos coups,
> Les derniers des Français ont des droits avant vous (1).

---

(1) Parmi le grand nombre des vers du nouveau Charles VI, dont la pensée est due à M. Lemercier, on en trouve surtout deux

M.

Mais ne trouvez-vous pas beau d'avoir fait supporter Henri V en présence du Roi et du Dauphin.

P.

Je ne vous parlerai ici de ce rôle, que pour ce qui a rapport à celui du Dauphin. L'auteur, il est vrai, fait parler quelquefois Henri V comme il le doit, mais je n'aime pas qu'il lui fasse jouer deux fois le rôle d'un petit débonnaire : je demanderai, par exemple, si ce Roi, que l'histoire nous peint comme un profond politique, aurait laissé aller le Dauphin, s'il l'eût eu en sa possession ? et si ce n'est pas aussi avoir placé Charles VII dans une mauvaise position, et surtout l'avoir un peu avili que de l'obliger deux fois à devoir sa liberté à son plus cruel ennemi ; surtout quand on lui a entendu dire dans la scène 3 de l'acte III.

> Moi, souffrir qu'un Anglais, dans Paris consterné,
> Se puisse énorgueillir de m'avoir pardonné !
> Jamais !

Ce jamais, dans cette circonstance, me rappelle un *jamais* bien fameux.

Cette même scène, dans laquelle le roi d'Angleterre, sous le prétexte qu'il est seul avec le Dauphin, lui fait l'aveu de ses projets, rappelle un peu trop la fameuse scène entre Zopire et Mahomet, comme un tableau

---

qui en rappellent textuellement deux autres de cet auteur ; je les cite parce qu'ils ont été généralement applaudis à la représentation. Voici donc ceux de M. Lemercier :

> Un prince doit savoir
> Que la foi des sermens est son premier devoir.....
> J'ai cessé d'être roi sans cesser d'être père.

Voici maintenant ceux de M. de La Ville :

> Un Roi ne peut vouloir manquer à sa parole.....
> Je ne suis plus roi, non, mais je suis père encore.

M. de La Ville nous paraît ici doublement coupable, 1° pour avoir pris le bien d'un autre ; 2° pour l'avoir détérioré.

d'amateur, toutefois, ressemble à celui d'un grand peintre.

Mais la dernière scène, qui est celle où Henri V use de clémence pour la deuxième fois en faveur du Dauphin, et à la suite de laquelle ce dernier termine la pièce, en promettant de reconquérir son trône à la pointe de l'épée, scène que j'ai entendu louer, bien qu'elle finisse assez pauvrement cette pièce, ne rappelle-t-elle pas encore la sortie du Dauphin dans M. Lemercier. Daignez, je vous prie, m'écouter un moment. Cette sortie forme la scène 4 de l'acte V.

LE DAUPHIN.

Au hasard des combats j'abandonne ma tête.

ISABELLE.

Souffre, jeune insensé, qu'une mère t'arrête.

LE DAUPHIN.

Une mère, Madame, aurait un autre cœur.

ISABELLE.

Si le tien, à ce nom, brave ainsi ma rigueur,
Songe au moins que je puis parler en souveraine.

LE DAUPHIN.

Perdre l'état, Madame, est cesser d'être reine.

ISABELLE.

Préfère à mon pardon l'exil et le trépas.

LE DAUPHIN.

Je dois au déshonneur préférer les combats.

ISABELLE.

Pressé de toute part que vas-tu faire ?

LE DAUPHIN.

Vaincre !

ISABELLE.

C'est orgueil de le croire.

LE DAUPHIN.

Et vertu d'en convaincre.

Voilà un dialogue, en trouverez-vous un semblable chez M. de La Ville.

M.

Non, et je commence à revenir un peu sur mon premier jugement au sujet de sa pièce.

(13)

P.

Ce n'est cependant pas cette scène qui termine la pièce de M. Lemercier, et pourtant voyez quelle supériorité incontestable le créateur a sur l'imitateur. En général, dans tout le rôle du Dauphin, M. Lemercier conserve cette même supériorité.

M.

Mais celui du roi Charles VI, qu'en pensez-vous ?

P.

C'est le seul où M. de La Ville ait réellement montré un peu de talent ; s'il l'a moins fortement dessiné que ne l'a fait son devancier, il a su, par quelques touches qui lui sont propres, le rendre quelquefois aussi attachant, et cela était très-difficile. Dans la pièce de M. Lemercier, Charles VI, qui termine le cinquième acte, laisse dans l'âme, je ne dirai pas du spectateur puisqu'elle n'est point jouée, mais du lecteur, une impression difficile à décrire ; c'est ce qui rend ce cinquième acte bien supérieur à celui du nouveau Charles VI. Lisons d'ailleurs ce morceau final :

CHARLES.

Vous seuls avez soufflé cette rage intestine....
Il vous l'a dit, fléaux du royaume et des lois !
Le reste de la France élève aussi sa voix....
A l'honneur qu'on trahit s'il manque des organes,
Grand Duguesclin ! je vois se soulever tes mânes....
Écoutez les clameurs de nos illustres morts....
« Traîtres ! vous disent-ils, perdez-vous sans remords
« Les fruits de notre sang prodigué dans vos plaines?
« Nous fallait-il subir tant de chocs, tant de peines ,
« Fallait-il tant combattre, et noblement mourir,
« Pour voir de nos neveux la liberté périr?.... »
Ces âmes des soldats, ces ombres en furie,
Elles planent sur vous.... j'entends leur sang qui crie....
N'êtes-vous plus Français, et mes pleurs superflus?....
Ah ! Français.... à ce nom vous ne répondez plus!....
Anglais donc !.... l'êtes-vous ?... tout est sourd à mon zèle :
Tout tremble, en m'écoutant, d'être jugé rebelle.....

Eh bien! dépouillez-moi, chargez de fers mes mains ;
De mes titres royaux les ornemens sont vains....
J'arrache de mon front ce honteux diadème.....
(Il jette sa couronne à ses pieds.)
Promenez dans Paris mon désespoir extrême....
Cette reine entendra ma fureur présager
Qu'horrible aux yeux français, horrible à l'étranger,
Le peuple entier, un jour accusant son ivresse,
De malédictions chargera sa vieillesse.
Le peuple en me voyant saura que les partis
Nous dictent nos arrêts, nos traités démentis.
J'apprendrai par ma chute aux magistrats des villes
Que les sceptres humains sont des appuis fragiles ;
Que les erreurs des rois, dans leurs adversités,
Livrent enfin aux grands jusqu'à leurs volontés ;
Et que des justes lois la force impérissable
Peut seule des états être un fondement stable.
Vous, esclaves muets....., si mes vives douleurs
Aux yeux que vous baissez arrachent quelques pleurs,
Pleurez!.... non les tourmens d'un prince qui succombe,
Mais le spectacle affreux d'un empire qui tombe.
(Charles s'inclinant d'un genou, et défaillant dans
les bras de ceux qui l'entourent.)
O grand Dieu qui m'entends, Dieu sauveur de nos lis ,
Dans le temple de Reims couronne un jour mon fils !
Et puissé-je, du sein de la nuit éternelle,
Voir renaître l'éclat de la France immortelle !

Je n'ai plus maintenant que quelques remarques à vous faire. En plaçant trois têtes couronnées dans sa pièce (car je regarde Isabeau, régente, comme un véritable roi), M. de La Ville n'a pas senti que l'un de ces rôles et peut-être deux, se trouveraient sacrifiés, et c'est ce qui est arrivé : Isabelle et Henri V ne sont dessinés que de profil ; réunir d'ailleurs les deux rois dans le même lieu, c'était gêner toute la marche de l'ouvrage. Remarquez comme M. Lemercier a été bien plus habile dans la conduite de la sienne : au lieu de Henri V, il a placé Warvic ; il a su donner à Isabeau plus de pouvoir, et a été libre alors de la dessiner aussi largement qu'il le voulait, et l'on reconnaît dans ce rôle le même pinceau qui traça Frédégonde : le Dauphin, pas assez puissant pour se rendre maître du royaume et sauver son père, l'est assez cependant pour ne pas craindre d'être arrêté sans combattre. Mais malheureusement pour M. de La Ville, il fallait bien entourer son Charles VI de quelques personnages ; Warvic, Jean de Bourgogne, Duchatel (1), devaient se présenter d'abord à lui, mais ils étaient tous pris, et dessinés de manière à ne point oser y toucher. Les mettre dans son cadre, eût été d'ailleurs un degré de ressemblance de plus ; il lui a donc fallu se rejeter sur Clisson, mort à la vérité quatorze ans avant, et sur Craon (2), que la vindicte publique a poursuivi de tout temps. Mais que lui importait un peu plus ou moins de vérité dans sa pièce, Talma n'était-il pas là. Lisez, lisez de grâce, attentivement les deux pièces, et vous reconnaîtrez comme moi que la première est d'un maître, et la seconde, d'un écolier imitateur. C'est en lisant surtout que vous saurez apprécier le style des deux concurrens, et vous verrez que celui de M. de La Ville est d'une faiblesse, d'une pâleur, dont rien n'approche ; des tirades entières sont écrites dans le style le plus commun, principalement

---

(1) Ce rôle de Duchatel, dont le crime a néanmoins trouvé quelques excuses, est encore une de ces hardiesses qui se rencontrent souvent dans les ouvrages de M. Lemercier. Il était très-difficile de mettre sur la scène un homme qui venge, à la vérité, son prince, mais qui le venge par un assassinat. L'habileté avec laquelle l'auteur a préparé ce meurtre (lisez la scène 4 de l'acte II), et (acte IV, scène 5), celle qu'il emploie pour le faire pallier aux yeux des spectateurs, prouvent un homme exercé dans tous les secrets de l'art.

(2) Remarquez que ce Craon, placé auprès de Charles VI, n'est autre chose que l'Odelle de M. Lemercier. Dans la scène entre cette femme intéressante et le Roi (acte II, scène 5), on reconnaît la plume qui a tracé la belle scène d'Agar et Ismaël.

les discours de Clisson et de Craon. C'est, par exemple, ce Craon qui dit à Henri V, acte II, scène 5,

> Ah! Sire, permettez !
> Je dois à vos vertus mes respects, mon estime;
> Mais le Dauphin..... il est mon prince légitime.

C'est Henri, qui dit au Dauphin, acte III, scène 5.

> Voyez donc votre père, et vous pourrez demain,
> Prince, de votre camp, reprendre le chemin.

que ne lui dit-il :

> L'ami, prenez la poste et retournez en Flandre!

Je pourrais aussi vous citer tous les vers que M. de La Ville a pris à l'un et à l'autre, et qui sont quelquefois les plus saillans; mais vous vous en assurerez par vous-même, et vous reconnaîtrez, comme moi, que cette pièce est véritablement une espèce de vallée de Josaphat où chaque auteur mort ou vivant peut aller prendre ce qui lui appartient. Pour moi, un style d'une négligence impardonnable dans l'auteur estimable du Folliculaire et du Roman, négligence qui pourrait être excusée si l'on rencontrait parfois ce qui caractérise le génie (1); toutes les réminiscences extraordinaires dont je viens de vous parler, et dont chacun peut s'assurer; l'extrême faiblesse du plan et des caractères en général, me feraient placer cette pièce presqu'au niveau des pièces de circonstance, si le rôle de Charles VI, dans lequel, je le reconnais, l'auteur a mis un peu de son talent, ne la relevait un peu. Enfin je ne serais pas surpris que des esprits malins, reconnaissant la vérité de ces observations, et forts des faits non démentis rapportés dans le dialogue accablant et spirituel de M. Lemercier, ainsi que des paroles attribuées à un grand prince, expliquassent d'une manière peu favorable à l'auteur du Charles VI second, et surtout à MM. de la censure, la

---

(1) Peut-on réellement, je le répète, savoir gré à l'auteur de la plus grande partie des vers à effet, puisqu'ils ne lui appartiennent pas.

création de cette pièce, le retard apporté dans sa mise en scène, et enfin, la préférence qui lui a été accordée sur le Charles VI premier, qui ne doit son existence qu'au génie d'un homme en butte depuis trente ans à la haine *censoriale*, pour s'être refusé à sacrifier la vérité de ses tableaux pour les faire coïncider avec les idées du jour.

M.

Je vous avoue franchement que tout ce que vous venez de me dire me fait revenir presque entièrement de mon premier jugement ; et d'ailleurs, comme je vous l'ai annoncé primitivement, je n'avais parcouru que légèrement le nouveau Charles VI, et ne pouvais en parler que d'après la représentation : les deux premiers actes me paraissaient à la vérité très-faibles, mais Talma m'avait totalement subjugué dans les trois derniers, et je n'avais pas surtout assez réfléchi sur les attaques dirigées contre M. de La Ville, et dont il doit se défendre, au moins pour son honneur littéraire.

P.

Si je suis satisfait de vous avoir amené à penser à peu près comme moi, tant sur le mérite particulier du nouveau Charles VI que sur le plagiat plus qu'étonnant dont M. Lemercier est victime ; c'est autant par amour pour la vérité que par ma haute estime pour un auteur trop long-temps méconnu. J'espère par la suite, dans un examen assez détaillé des compositions de cet homme aussi estimable par son rare génie que par son caractère, pouvoir prouver que nul auteur ne mérite plus que lui d'être étudié, et que Agamemnon, Frédégonde, Pinto, Charles VI, Clovis, la bizarre mais sublime Panhypocrisiade, Moïse, et les Élémens de littérature sont des ouvrages qui le placeront de tout temps au rang des plus grands écrivains, surtout comme créateur.

Observation. L'auteur, en faisant imprimer ce faible dialogue, n'a pas prétendu, et l'on en jugera par le peu de citations qu'il a faites, épargner la bourse ni le temps des lecteurs, mais au contraire, les engager à acheter les deux pièces pour les lire attentivement, les comparer, et prononcer sur une querelle littéraire qui sera long-temps l'objet des conversations.

FIN.